ConnectDoor –

Zugang zu uralten Dimensionen

Verfluchungen, Verwünschungen, Voodoo,
gibt es das wirklich?

Inge Friedrich
Ulrike Kluge
Bernd Laudenbach

Bibliografische Information der Deutschen Nationalbibliothek. Die Deutsche Nationalbibliothek verzeichnet diese Publikation in der Deutschen Nationalbibliografie, detaillierte biblio-grafische Daten sind im Internet über http://dnb.dnb.de abrufbar.

Herstellung und Verlag

BoD – Books on Demand, Norderstedt

ISBN 978 3 7557 0745 5

Diese Informationen sind für Menschen,

- die bereit sind, Eigenverantwortung für Gesundheit, Fühlen, Denken und Handeln zu übernehmen,
- die Verbindungen zu inneren Realitäten und inneren Ursprüngen ihres Selbst hervorrufen möchten,
- die an Maßnahmen gegen die Versklavung des menschlichen Bewusstseins interessiert sind,
- die neugierig darauf sind, Unbekanntes für sich bekannt zu machen,
- die für sich selbst entscheiden wollen, welche Optionen für sie von Vorteil sind.

Inhaltsverzeichnis

Vorwort

Verfluchungen, Verwünschungen, Voodoo, gibt es das wirklich?

In https://www.deutschlandfunk.de/ ist zu lesen:
Der Nocebo-Effekt ist der böse Bruder des Placebo-Effektes. Genau wie der Glaube einen Kranken heilen kann, kann der Glaube an eine Art Fluch einen Gesunden krank machen.
In aller Regel sind es allerdings keine magischen Rituale, die Nocebo-Effekte auslösen. Meistens werden Ärzte ganz ungewollt selbst zu Voodoopriestern. Ihre Flüche heißen Diagnose und Prognose.

Ganz typisch für eine neuzeitliche Verfluchung ist, dass Betroffene darauf angesprochen, sofort wissen wovon die Rede ist. Irgendwann gab es zumeist ein Ereignis zu dem der Betroffene ganz klar gesagt bekam, dass er verdammt oder verflucht ist.

Sicher ahnt ihr bereits zu welchem Zweck dies gemacht wird. Es spricht automatisch eine Urangst, eine im Menschheitsgedächtnis verankerte Angst verflucht zu sein an und gewährt dieser Energie Einlass, verstärkt sie oder erschafft sie selbst.

Frauen und Männer

Wer hat die Hosen an?

In der heutigen Zeit kann man das nicht so fragen, da viele Frauen Hosen tragen. Röcke sind fast „out".

Sind die Frauen diejenigen, die den Männern untertan sind? Machen sich manche Männer abhängig von den Frauen? Auf jeden Fall ist es eine Komödie zwischen Mann und Frau, manchmal artet es auch aus zur Tragödie.

Und von Gleichwertigkeit ist noch lange nichts zu spüren.
Die Rollen der Frau sind so vielschichtig, wie auch die Rollen der Männer. Egal, wie eine Beziehung aussieht, ob es privat oder geschäftlich ist, es ist immer ein Gerangel um die „Herrschaft". Männer spüren es, wenn Frauen dieses Frauensklaven-Gen in sich tragen und behandeln sie entsprechend.

Vor langer Zeit hatten Männer und Frauen die gleichen Privilegien, sie waren gleichwertig.
Diese Ebenbürtigkeit ergab sich aus Vertrauen ineinander, sie unterstützten sich gegenseitig, teilten die gleiche Weisheit und auch wenn ihre Sichtweisen auseinandergingen, fanden sie immer einen Kompromiss. Kein anderer konnte diese Verbindung zerstören.

Ein machtbesessener Prophet, der die Herrschaft über die Menschen im Namen Gottes haben wollte, lehrte die Menschen, dass Frauen dem Manne untertan sein müssen.

Noch immer müssen sich Frauen in einigen Religionen die Haare bedecken, dürfen nicht mit Männern zusammen beten.

Die sogenannte Emanzipation hat sich ihren Weg gebahnt, aber Frauen sind noch weit davon entfernt, Ebenbürtigkeit zu erfahren.

Es liegt noch immer in den Genen, vor Jahrtausenden eingepflanzt und immer noch wirksam, dass Frauen sich minderwertig fühlen, auch wenn sie dies heutzutage negieren. Diese genetische Programmierung muss aufgelöst werden.

„Orakel-initialisierte genetisch verankerte Wertlosigkeit"
„Karmisch genetisch programmiertes Unwertgefühl"

Ramtha hat in seinem Buch „Die Wiederentdeckung der Perle der Alten Weisheit – Die Geschichte der Menschheit aus der Sicht eines Meisters, Teil 2" dieses Problem beleuchtet und auch beschrieben, wie es zur Frauenversklavung kam.

Über Ramtha ist in diesem Taschenbuch ein Kapitel geschrieben, so dass Ihr lesen könnt, was er ist und wieso er uns heute so viel erzählen kann.

Cen-Tooh, der Therapeut

Männer erklärten Frauen für seelenlos. Männer mussten die Seele erhalten. Sie waren die auserwählte Gruppe.

So haben wir heute die Möglichkeit, nunmehr diese genetisch eingeschalteten Programme zu löschen, die uns in sexuellen Perversionen, in Ängsten, in homosexuellen Beziehungen seit Jahrtausenden durch alle Inkarnationen hindurch begleiten. Zumindest von einer Seite aus, nämlich von Euch selbst aus oder von der Seite des Klienten, der Rat bei Euch sucht.

Gemeinsam mit mir könnt Ihr in meinem Universum auf www.connectdoor.de , Freie Themenwahl, alle Themen bearbeiten, die ich in diesem Taschenbuch rund um die „Frauenversklavung" und „Verfluchungen im Allgemeinen" zusammengetragen habe.

Die entsprechenden Wörter oder Sätze sind in Gänsefüßchen gesetzt oder auch nummeriert, damit Ihr sie gut finden könnt.

Reaktionen beim Arbeiten mit COBIMAX

So einzigartig und individuell jeder Mensch ist, können je nach den Problemen vielfältige Reaktionen auftreten. Angefangen bei starker Müdigkeit bis hin zu mehrminütigem Tiefschlaf, häufiges und tiefes Gähnen, Ameisenkribbeln bis völlige Taubheitsgefühle einzelner Gliedmaßen, Blähgefühle im Bauchbereich, Wärme, Kälte, Schwindel, Kopfschmerzen, Migräne, völlige Schwere bis hin zu einem nicht mehr Anheben-Können einzelner Gliedmaßen. Organe können stark spürbar werden. Enge oder Kloßgefühl im Hals, ganze Wirbelsäulenabschnitte machen sich bemerkbar, deutliche Reaktionen im Herzbereich, Schwere und Enge in der Brust oder erschwertes Atmen bis hin zu Atemnot. Anvisierte Gefühle können in aller Deutlichkeit erlebt werden.

Die Skala der möglichen Reaktionen ist nach oben offen. Dies soll den Menschen nicht erschrecken, sondern nur darauf hinweisen, dass Stärke und Lokalisation der eintreffenden Reaktionen nicht immer den Erwartungen des Wachbewusstseins entsprechen.

Diese Reaktionen sind nach kurzer Zeit wieder verschwunden.

Beim Arbeiten mit COBIMAX ist es unbedingt erforderlich, die reagierenden Sätze oder Worte täglich einmal zu wiederholen, bis keine Reaktion mehr vorhanden ist.

Hinweis:
Es sei hier darauf hingewiesen, dass auf der Erde diese Methode für den medizinischen Laien weder Arzt noch Heilpraktiker ersetzt, und dass sie niemals zum Absetzen von Medikamenten auffordert.

connectdoor

Zugang zur inneren Dimension

Bernd Laudenbach, COBIMAX-Initiator, und zwei andere Cobimax Ausgebildete
steckten die Köpfe zusammen und fingen an, der Vision von einer anderen Dimension Gestalt zu geben. Heraus kam www.connectdoor.de, der Zugang zum Universum von Cen-Tooh, dem kleinen Zauberer mit der dicken Knollennase. Zu ihm kommen Besucher aus zahlreichen Universen, um Rat für die verschiedensten Probleme zu holen.
Bernd Laudenbach hat Cen-Tooh zum Leben erweckt und nun kann jeder Besucher direkt auf der Internetseite www.connectdoor.de Cen-Tooh's „Zauberkräfte" in Anspruch nehmen. Hiermit hat nun auch jeder Mensch die Option, völlig eigenständig seine Anliegen zu bearbeiten.

Was passiert hier?
Menschliches Bewusstsein verbindet sich mit dem Internet. Hollywood hat skurrilste Science- Fiction-Abenteuer dieser Thematik auf die Leinwand gebracht.
Durch www.connectdoor.de betreten wir eine „innere Zauberwelt", die Dinge ermöglicht, die bisher nur im Kino und unserer Phantasie real waren.
Achtung! Diese Dimension sollte nur von mutigen Besuchern betreten werden!
In Cen-Tooh's Universum laufen die Uhren anders, hier herrscht eine andere Zeit.
Gedanken können sich blitzschnell verwirklichen. Hier kann scheinbar Unmögliches einfach möglich sein.
Habt den Mut und nutzt Eure Tollkühnheit, zusammen mit dem Zauberer Cen-Tooh Euer Leben neu zu begreifen.

Wie geht das?
www.connectdoor.de aufrufen, eintreten, nutzen und erleben!
Es ist ein Service von www.cobimax.com.
Auf verschiedenen Levels sind vorgefertigte Programme abrufbar.

Das Level „Freie Themenwahl" bietet die Möglichkeit für alle Lebenslagen individuelle Themen selbst zu kreieren.

Level A und Level N (Emotionales) sind kostenfrei, alle anderen Levels können über ein 30-Tage-Abo für nur 19,90 € genutzt werden.
www.connectdoor.de gibt es in deutscher, englischer, spanischer und in russischer Sprache.
Cen-Tooh freut sich auf viele Besucher, auch von der Erde...

COBIMAX® macht's möglich!
Die „Communikations- Biologische Matrix", kurz „COBIMAX", wurde von Bernd Laudenbach im Jahr 1998 entwickelt.
Es handelt sich hierbei um ein Kommunikations- und Therapieverfahren, das es
ermöglicht, eine große Vielfalt an körperlichen sowie emotionalen Dysbalancen
anzugehen. Ohne Hypnose, ohne Meditation, ohne maschinelle Hilfsmittel.

Hier ist ein Weg zur Selbsthilfe und Selbstheilung offen. Denn genauso will COBIMAX verstanden werden: Das Wissen über die Krankheitsursache aus dem eigenen Kopf des Menschen, die heilende Kraft aus dem eigenen Körper, genau das ist der Schlüssel zum Erfolg dieser Therapie.
Seit 2005 wird COBIMAX auch in Lehrgängen weitergegeben, zur Eigenanwendung oder zur Anwendung in der therapeutischen Praxis.

Wichtiger Hinweis!!!

Wenn der Mensch glaubt, durch einfaches Durchlesen der COBIMAX-Programme wäre die Korrektur schon angestoßen, muss ich ihn enttäuschen: Hier arbeitet das Gehirn nur in einem Frequenzbereich von etwa maximal 40 Hertz. Um aber genetische Programme zu löschen, benötigen wir eine Frequenz von etwa 3 Petahertz, das ist eine 3 mit 15 Nullen, also 3000000000000000 Hertz.

Wie kommen wir dort hin?
Durch Anschluss an Dynamische Intelligenz. Das bedeutet, dass unser Großhirn wieder Verbindung bekommt zu unserem Kleinhirn und unsere Gedanken auf 3 Petaherz bringen kann und so gelingt es uns, Zugriff auf die Frequenzen der genetischen Programme zu nehmen.

Jeder COBIMAX-Ausgebildete hat die Möglichkeit, über sein eigenes Kleinhirn Dynamische Intelligenz bei sich selbst oder bei jedem anderen Menschen anzuwenden, sogar bei Tieren oder Pflanzen.

Außerdem ist im Internet die Seite www.connectdoor.de so gestaltet, dass bei Druck auf die Knollennase von Cen-Tooh diese Verbindung kurzzeitig aufgebaut wird. Dort kann also jeder Mensch selbständig die Programme effektiv durcharbeiten.

Wer ist Ramtha?

Ramtha ist ein Krieger, Eroberer und aufgestiegener Meister, der vor 35.000 Jahren lebte. Spuren und Überreste seines Lebens und seiner Lehren sind in verschiedenen archäologischen Artefakten aus Indien und Ägypten, sowie in alter Hindu-Literatur zu finden.

Wie er selbst erläutert, befasste er sich in seinem Leben mit der Frage des menschlichen Daseins und der Bedeutung des Lebens. Durch eigene Beobachtung, Reflexion und Kontemplation erlangte er Erleuchtung und entdeckte einen Weg, wie er die Einschränkungen von Zeit und Raum und die Begrenzungen des physischen Körpers überwinden konnte.

Er fand eine Möglichkeit, seinen Körper auf eine geistige Ebene mitzunehmen, auf der er sich seiner wahren Essenz als Bewusstsein und Energie völlig bewusst blieb, total frei und unbegrenzt alle und jegliche Aspekte der Schöpfung erfuhr und weiterhin das Unbekannte bekannt machen konnte. Er bezeichnet diesen Vorgang als seinen Aufstieg.

Sein Aufstieg geschah vor den Augen seines zwei Millionen starken Volkes. Nachdem er ihnen in 120 Tagen vermittelte, was er selbst gelernt hatte, entschloss er sich schließlich, diese Welt zu verlassen, jedoch nicht ohne seine Rückkehr zu versprechen.

Indem Ramtha seine Philosophie als die Frucht seiner eigenen Wahrheit und persönlichen Erfahrung präsentiert, hebt er hervor, dass er selbst die Verkörperung der Philosophie, die Manifestation und das lebende Beispiel seines Denkens ist.

So sagt er, dass er ein unsterblicher Gott sei, Bewusstsein und Energie, und dass er einst vor 35.000 Jahren als Mensch auf dem längst vergangenen Kontinent Lemurien lebte.

Die Tatsache, dass er nicht länger von seinem physischen Körper eingeschränkt ist, erlaubt ihm als "Bewusstsein-und-Energie" mit der physischen Welt in anderen Formen in Beziehung zu treten.

Zum Beispiel spricht er oft von sich als dem Wind, der die Wolken anschiebt, oder als dem Morgen, oder einem Fremden oder Bettler auf der Straße, der Zivilisationen kommen und gehen sieht, oder was immer das Bewusstsein sich nur vorzustellen wagt.

Er wählte die jetzige Zeit für seine Rückkehr, weil die menschliche Rasse nun bereit ist zu verstehen, was er über unsere wahre Identität entdeckte, dass wir nämlich der Beobachter und damit verantwortlich sind für das Kollabieren der Potenziale des Quantenfeldes und die Gestaltung von Raum und Zeit.

Der Channel, JZ Knight

JZ Knight wurde am 16. März 1946 in Roswell, New Mexiko, als Kind einer Familie von Wanderarbeitern geboren. Sie war das achte Kind der Familie und verbrachte ihre frühe Kindheit in den Baumwollfeldern, in denen ihre Mutter als Pflückerin arbeitete.

Mit harter Arbeit und großem Engagement wurde JZ Knight zu einer sehr erfolgreichen Geschäftsfrau.

Ihre berufliche Tätigkeit wurde durch das Erscheinen von Ramtha unterbrochen, der sie auf den Weg der Selbstentdeckung und der Meisterschaft brachte.

Als Ramaya, eines von Ramthas geliebten Adoptivkindern, gehörte JZ schon vor langer Zeit zu seinem Leben.

Einer der umstrittensten Aspekte von Ramthas Lehren ist die Form, die er zur Übermittlung seiner Botschaft gewählt hat, nämlich ein Phänomen, das Channeling genannt wird.

Tatsächlich war es Ramtha, der diesen Begriff Ende der siebziger Jahre bekannt machte. Ramtha wählte JZ Knight als seinen Channel und bereitete sie auf diese Arbeit vor. Er benutzt ihren Körper, um seine Lehren persönlich zu übermitteln.

Ein Channel unterscheidet sich von einem Medium insofern, dass ein Channel nicht der Vermittler zwischen dem durchkommenden Bewusstsein und den Zuhörern ist.

Ein Channel befindet sich während des Channelns nicht in einem erstarrten, veränderten körperlichen Zustand. Vielmehr verlässt ein Channel seinen Körper ganz und erlaubt dem durchkommenden Bewusstsein die volle Kontrolle über alle Funktionen und Bewegungen des Körpers.

Während Ramtha durch JZ Knight channelt, kann er die Augen öffnen, gehen, tanzen, essen und trinken, lachen, sprechen, sich unterhalten und seine Schüler persönlich lehren. JZ Knight ist der einzige Mensch, den Ramtha als seinen Channel zur Überbringung seiner Botschaft ausgewählt hat.

Mit seiner Wahl, seine Botschaft durch eine Frau zu channeln, anstatt seinen eigenen physischen Körper zu benutzen, stellt Ramtha für alle sichtbar dar, dass Gott und das Göttliche nicht das alleinige Privileg der Männer darstellen, und dass Frauen ein würdiger Ausdruck des Göttlichen sind und die Fähigkeit zu Genie und Gottesverwirklichung besitzen.

Er macht damit auch geltend, dass das Wichtige an seiner Philosophie nicht die Verehrung des Überbringers der Botschaft oder eines Gesichts oder Bildes ist - woran in der Vergangenheit so viele Anstrengungen, der Menschheit Erleuchtung zu bringen, gescheitert sind - sondern der Botschaft selbst Gehör zu schenken.

Es zeigt weiterhin, dass die wahre Essenz des Menschen nicht auf den physischen Körper oder ein bestimmtes Geschlecht begrenzt ist. Das Channeling-Phänomen wird daher erst im Rahmen von Ramthas eigener Wissenschaft möglich gemacht. Mit anderen Worten, das von JZ Knight durchgeführte Channeling ist nur möglich, wenn Ramthas Lehren der Wahrheit entsprechen.

Die Echtheit dieses Phänomens ist ein deutlicher Fingerzeig auf den Wahrheitsgehalt von Ramthas Botschaft. Dieser Punkt sollte unbedingt berücksichtigt werden, da es dank wissenschaftlichen Fortschritts Testverfahren und Geräte gibt, mit deren Hilfe dieses Phänomen einer eingehenden Prüfung unterzogen und unter physiologischen, neurologischen und psychologischen Gesichtspunkten erforscht werden kann.

Die heute verfügbaren wissenschaftlichen Verfahren wurden für eine an JZ Knight durchgeführte Studie über das Phänomen des Channelings benutzt, die die Möglichkeit eines Schwindels ausschließen sollte.

Diese wissenschaftlichen Untersuchungen fanden 1996 statt, als ein Forum, bestehend aus zwölf angesehenen Wissenschaftlern - Neurowissenschaftlern, Psychologen, Soziologen und Religionsexperten - JZ Knight bevor, während und nachdem sie Ramtha channelte untersuchten.

Nach Abschluss ihrer Untersuchungen, bei denen hochmoderne technische Geräte eingesetzt wurden, kamen sie auf Grund der an JZ Knight ermittelten Testergebnisse zu dem Schluss, dass die Messwerte der Reaktionen ihres autonomen Nervensystems so dramatisch waren, dass sie kategorisch jede Möglichkeit von bewusster Vortäuschung, Schizophrenie oder multipler Persönlichkeitsstörung ausschlossen.
Für ihre große Leidenschaft für das Lernen und die Erforschung des Geistigen, ihrem Engagement für das Große Werk, ihrer Liebe zu Gott und dem Göttlichen in allem werden JZ Knight große Liebe und Respekt entgegengebracht, ebenso wie für die Einfachheit, mit der sie sich zu den großen Fragen äußert, Fragen wie "wer sind wir?", "woher kommen wir?" und "welche Bestimmung ist uns letztendlich verfügbar?".

Sie wird auch weiterhin als Ramthas Channel agieren und seine Lehren durch Ramthas Schule der Erleuchtung, die sie den "Inbegriff einer geistigen Schule" nennt, in die Welt bringen.

RSE (Ramtha Schule der Erleuchtung)

In Ramthas Schule der Erleuchtung (RSE), Schule der alten Weisheit, gegründet 1988 in Yelm, USA, kommen seitdem Schüler aus der ganzen Welt.

Es ist eine Schule, die unsere bisherigen Glaubenssysteme und intellektuellen Überzeugungen in Frage stellt. Man lernt das Wissen der alten Schulen der Weisheit sowie die wissenschaftlichen Grundlagen, um die eigene Realität zu erschaffen. Man lernt sich zu verändern und wie man mit dem Geist wunderbare Dinge erschaffen kann.

Grundlagen der Lehren

Die vier Eckpfeiler von Ramthas Philosophie sind:
1. die Aussage "Du bist Gott"
2. der Auftrag, das Unbekannte bekannt zu machen
3. das Konzept, nach dem Bewusstsein und Energie die Realität erschaffen
4. die Aufforderung zur Selbsteroberung.

Ramthas Lehren decken eine ganze Reihe von Themen ab. Bei verschiedenen Anlässen betonte Ramtha wiederholt, dass die Gesamtheit seiner Botschaft in dem Satz "Du bist Gott" ausgedrückt werden kann.

Wie aber ist dieser Satz zu interpretieren?
Es gibt wahrscheinlich so viele Definitionen des Wortes "Gott" auf der Erde wie es Menschen gibt.

Um Ramthas Lehren richtig verstehen zu können, ist es von entscheidender Bedeutung, dass wir uns unserer eigenen Vorstellung von Gott gewahr werden und erkennen. So besteht eines der Hauptanliegen der Schule in einer Neudefinition des Selbst und unserer Vorstellung von Gott und dem Göttlichen.

In Ramthas Denken sind der physische Körper und die materielle Welt nur ein Aspekt der wirklichen Welt. Der Mensch lässt sich am besten als "Bewusstsein und Energie" beschreiben, welche die Wirklichkeit erschaffen.

Die physische Welt ist nur eine von sieben Ebenen, auf denen Bewusstsein und Energie Ausdruck finden.

Ramtha benutzt das Konzept des Beobachters aus der Quantentheorie, um sein Konzept von Bewusstsein und Energie zu erklären.

Ebenso benutzt er das Konzept von Gott, um den Menschen als "Bewusstsein-und-Energie" zu beschreiben. Es ist wichtig, hier anzumerken, dass eine dualistische Interpretation der Wirklichkeit, wie sie kennzeichnend für die gnostischen Überlieferungen ist - in Ramthas Gedankensystem keinen Platz hat.

Hier wird das Verharren in einem Zustand von Unwissenheit und Verleugnung unserer wahren Natur und Bestimmung als Hindernis angesehen.

Zahlreiche Spuren von Ramthas Denken finden sich in alten Überlieferungen, jedoch sind sie in den meisten Fällen kaum noch erkennbar oder sie wurden aus ihrem ursprünglichen Zusammenhang gerissen.

Einige der Überlieferungen sind die Philosophien der alten Ägypter und des Pharaos Echnaton, sowie die Buddhas, der sich selbst als "der Erwachte" bezeichnet, ebenso Sokrates' Verständnis von Tugend und der Unsterblichkeit der Seele, Platos Konzept der universellen Formen, Leben und Lehren von Jesus Christus, die Werke des Apostel Thomas, das Perlenlied, Apollonius von Tyana, die Katharer und Albigenser, die spanischen Mystiker, die Kunstwerke von Michelangelo und Leonardo da Vinci, die Meister des Fernen Ostens, um nur einige zu nennen.

Ausführliche Informationen über Ramtha und seine Schule finden Sie unter:
www.ramtha.com

Der Fluch des Bezhack Badu

Vor über 30.000 Jahren hatte Ramtha eine über 2 Millionen Mann starke Armee.

Bei einem seiner Feldzüge ist Ramtha auf eine Stadt gestoßen, die aus weißem Marmor gebaut war. Alle Menschen waren mit blauer Tinte aus den Blüten der Akelei eingefärbt. Die Menschen hatten keine Waffen.

In dieser Stadt haben die Herren der Schöpfung sich in der Hauptsache mit ganz jungen Knaben vergnügt, die Frauen wurden in Verliesen gehalten und höchstens einmal zum Vergnügen oder zu Fortpflanzungszwecken herausgeholt. Frauen waren entseelt, sie besaßen keine Seele.

Sie wurden gefangen gehalten und alle Männer konnten mit ihnen tun, was sie wollten.

So hatte ein Orakel befohlen, dass Männer nur Männer lieben dürfen, Frauen nur zur Befriedigung oder zum Männer zeugen benutzt werden. Die weiblichen Babys wurden vor die Stadttore geworfen, sodass sie von den Wölfen und Schakalen gefressen werden konnten.

Ramthas jüngerer Bruder wurde dort festgehalten. Ramtha ist mit seinem Heer in die Stadt einmarschiert und metzelte alle nieder. Keiner der Bewohner wehrte sich oder gab einen Schmerzenslaut von sich.

Ein großer Priester, das Orakel des Himmels, die Stimme von Bezhack Badu belegte die Soldaten von Ramtha mit einem Fluch: Ich verfluche Euch, Ramthas Armee auf immer und ewig. Ihr werdet während des Schlafes in den ewigen Tod übergehen, oder Ihr nehmt alle noch lebenden Frauen und pflanzt Euren Samen tief in sie ein, dadurch könnt ihr weiterleben!

Dieser Orakel-Priester hat eine Verfluchung ausgesprochen, die auf Basis von Voodoo ihren Ursprung hat, das heißt, jemandem Angst machen, der das dann glaubt und in die Tat umsetzt.

So haben die Krieger von Ramtha dort alle Frauen vergewaltigt.

Alle sexuellen Perversionen, die wir heute haben, die Pädophilie, alles was dort praktiziert wurde, ist hochaktuell bei uns.

Diese Verfluchungen sind genetisch in uns eingebrannt und haben heute Auswirkungen auf uns. Da wir einmal als Frau oder als Mann inkarnieren, sind sowohl die Frauen als auch die Männer betroffen.

Zu der Geschichte von Bezhack Badu hat Cobimax ein Programm geschrieben:

1. Orakel-initialisierte genetisch verankerte Wertlosigkeit
2. Angst vor der Trennung von Göttlichem
3. Angst vor der Verschmelzung mit der eigenen Göttlichkeit
4. Angst vor der Mann-Frau-Verschmelzung auf der körperlichen, geistigen und seelischen Ebene
5. Sucht nach der Mann-Frau – Verschmelzung auf der körperlichen, geistigen und seelischen Ebene
6. Genetisch optionales gewalttätiges Sexualverhalten
7. Durch Religion vorsätzlich erzeugte Ängste
8. Angst vor dem ewigen Schlaf
9. Angst vor der Nutzung der eigenen Göttlichkeit
10. Ich danke Ra Ta Bin für das Erkennen und Anwenden der eigenen göttlichen Macht
11. Angst vor Mangel auf allen Ebenen
12. Karmisch genetisch programmiertes Unwertgefühl

Die Frauen werden von Männern gequält, nicht nur sexuell, im täglichen Bereich, ob das in der Partnerschaft oder am Arbeitsplatz ist. Beide haben eine Beziehung zueinander, der eine, der quält und der andere, der quälen lässt. Das sind einfach genetische Programme, die eingeschaltet sind und die wir löschen können, zumindest von einer Seite aus, nämlich von Eurer Seite aus, wenn Ihr selbst davon betroffen seid, oder von der Seite des Klienten aus, der Rat bei Euch sucht.

Diese Frauen können nicht ohne Männer leben.

„Ich wurde von Männern gequält, ich werde von Männern gequält."

Egal, was die Männer den Frauen antun, sie können trotzdem nicht ohne sie leben.

„Ich kann nicht ohne einen Mann leben."

„Ich kann schon immer ohne Männer leben".

Mit diesem Satz beendet Ihr das Programm, dann ist das nicht mehr da.

Die Frauen haben sich nie selbst geliebt und tragen dies in sich. Dies prägte sie für alle kommenden Lebenszeiten.

13. Ich weiß nicht, wo ich hingehöre
14. Ich hasse mich für das, was ich fühle

Fragt die einzelnen Punkte über www.connectdoor.de ab. Bei denjenigen, bei denen Ihr reagiert, solltet Ihr die Abfragen täglich einmal wiederholen, bis keine Reaktion mehr erfolgt.

Opfer und Täter

Was veranlasst einen Mann, ein Mädchen oder eine Frau zu vergewaltigen, sie zu demütigen, zu misshandeln?
Die Frau sendet unmissverständliche Signale aus, dass sie folgende genetischen Strukturen noch in sich trägt:
1. Wertlosigkeit
2. Unwürdigkeit
3. Ich war genetisch eingeschaltete Frauensklavin
4. Liebe assoziiert mit Gewalt
5. Sexueller Missbrauch als Kleinkind
6. Schuldgefühle
7. Opferhaltung
8. Notwendige genetische Angstausschaltung
9. Stockholm-Syndrom
10. In entsprechender Gehirnkarte abgespeichertes Programm für Vergewaltigung
11. Genetische Ausschaltung von Vergewaltigung
12. Ich bin eine absolut jedem Manne gleichwertige Frau

Hier im Folgenden einige genetische Strukturen, die der Mann in sich trägt:
1. Phallus-Angst
2. Gehirnkarten-Programm: Ich war Krieger und Vergewaltiger in Ramthas Armee
3. Pädophile Neigung
4. Neigung Schwächere zu missbrauchen
5. Sucht nach dominierendem destruktivem Machtgefühl
6. Ultimative Machtsucht
7. Infrarote Wesenheiten drängen mich zur Machtsucht
8. Mentaler Missbrauch der Tochter
9. Ich war selbst missbraucht worden in meiner Kindheit
10. Kontrollierende Liebe
11. Ich oute meine sexuellen Phantasien
12. Genetisch angelegte Gewaltbereitschaft

Diese Programme löschen die entsprechenden Signale.

Unbändige Wut

Drei Frauen allerdings waren zu Zeiten dieser Massenvergewaltigung sehr wütend. Sie hassten sich selbst und sie hassten noch mehr die Männer.

Habt Ihr selbst eingeschaltete Wut in Euch?

So können wir uns die COBIMAX-Sätze eingeben:

„Ich bin Wut"

„Ich bin Selbsthass"

„Ich hasse mich selbst als Frau."

„Ich hasste bisher noch mehr als mich selbst alle Männer."

In der nächsten Inkarnation waren sie Männer und haben die Frauen gequält, um das Gegenteil zu spüren und von da an lebten sie in Verwirrung. Sie bemitleideten die Frauen und verachteten die Männer.

„Verwirrung durch nie erfahrene Liebe"

Man nennt sie Crossovers, Frauenseelen, die in Männerkörpern leben und Männerseelen, die in Frauenkörpern wohnen. So gibt es heute homosexuelle Menschen, Lesben und Schwule.

„Ich War ein Crossover"

„Ich bin eine männliche Seele in einem weiblichen Körper"

„Ich bin eine weibliche Seele in einem männlichen Körper"

Diese Menschen wissen nicht, wo sie vom Geschlecht her hingehören. Sie handeln nach einem genetischen Programm.

Diese Dinge können wir entwirren, sodass Klarheit herrscht. Nicht indem wir diese Menschen umdrehen, sie bleiben das, was sie sind, finden aber Frieden in sich selbst. Die Art und Weise, wie sie lieben, ist absolut in Ordnung. Wir können den Menschen helfen, dass sie sich nicht mehr wie Zwitter fühlen.

Es geht um etwas viel Tiefgreiferendes, dass die Menschen, Männer wie Frauen, ihren Frieden finden und zu sich selbst finden.

Diejenige Vorfahrin von ....Name...., die karmisch genetisch initiatorisch Blutlinien-Crossovers bildete, 1 Std. nach der Vergewaltigung, - ich bin Selbstliebe, ich bin Selbstachtung

Gravitationskraft

In welcher emotionaler, gedanklicher Verfassung war die Mutter, der Vater während des Zeugungsaktes?

Dachte die Mutter gerade an den feschen Postboten oder der Vater an die attraktive Nachbarin?

„Mutter destruktive Zeugungs-Emotions-spezifische Gravitationskraft"

„Vater destruktive Zeugungs-Emotions-spezifische Gravitationskraft"

Diese Kräfte sind lebensbegleitend.

Meine Gravitationskräfte halten meine Atome zusammen, wenn ich in Ruhestellung bin. Wenn ich mich aber bewegen will, dann wird meine Gravitationskraft verstärkt, sonst würden meine Atome einfach auseinanderfallen.

Limitrys

Limitrys sind das individuellste-allererste-intimste Signal jeder Bewußtseins-Energieeinheit, die Omnis in eine dauerhaft bleibende, sich zwar verändernde wie erweiternde, aber nie zerstörbare Gammafrequenz-Individualstruktur kleiden.

Sie sind wichtigster Teil der Schwerkräfte. Sie sind die Hauptschnittstellen, die beispielsweise einem Menschen den OOR-Vorgang durch sechs Frequenzbandbreiten/Zeiten ermöglichen, gleichsam dadurch jegliche Veränderung ermöglichen und gleichsam den physischen Körper in seiner atomaren Elektronen-Spin & -Orbital-Struktur zusammenhalten.

Diese Limitrys sind nichts anderes als diese leichte Kraft, die das Gegenstück zur Erdgravitation ist. Sie hält einen Körper, einen Corpus zusammen, in dem Fall unseren Körper. Sollten wir sterben, bleiben aber immer die nächsten Körper in höherer Frequenz übrig und dieser Limitry-Körper ist der, der nie zerstörbar ist und das ist das, was Gandalf angesprochen hat als Diener des geheimen Feuers. Das geheime Feuer, was in uns drin ist, ist ein ganz hohes Bewusstsein und trotzdem bin ich Teil davon und es Teil von mir.

Es ist das Gegenstück, was uns zwar auf der Erde hält, gleichsam jeder Gedanke, jede Emotion macht diese Limitrystrahlung schwerer oder bindet die atomaren Partikelchen enger aneinander oder lässt sie weiter auseinandergehen.

Sie werden in jedem Moment durch unsere Gedanken und unsere Emotionen beeinträchtigt, beeinflusst, was normal ist, was physiologisch ist. Sie sind an für sich das, was Esoteriker den kosmischen Leim oder die Liebe nennen. Es geht darum, dass diese Limitrys die Elektronen im eigenen Spin halten, Limitrykräfte sind das gleiche, was die Erde in Rotation und im Orbit hält.

Als Massenträgheits-Kraft einem biologischen Körper Zusammenhalt während jeder Bewegung/Beschleunigung durch Raum/Zeit ermöglichend. Sich einem jeden menschlichen Gedanken wie jeglicher Emotion individuell Gravitationssignale modifizierend -auszeichnend. Wie können denn die Limitrys verändert sein, sodass wir Nachteile davon haben?

COBIMAX-Abfragen zeigen uns auf, wo eventuell Defizite sein könnten und korrigieren diese im gleichen Moment.

„Perfekte Limitry-Frequenz"

„Perfekte Limitry-Amplitude"

„Perfekte Limitry-phasengleiche Oszillationen"

„ Limitrose" (= gealterter Limitry-Vorgang, degenerierter Limitry-Vorgang, wir altern nur, weil wir andere beim Altern beobachten, bestätigen das und bauen das in unsere Limitrystrahlung mit ein)

„Gealterte Limitryrung"

„Perfekt juvenile Limitryrung / Perfekte & dauerhafte Juvenil-Limitryrung"

„Meine Limitrys verstoßend gegen Terra-Law-Limitrys"

Wir agieren permanent mit diesem Planeten durch unsere eigenen Schwerkräfte. Der Planet erkennt uns wieder, weil unser Schwerkraftfeld, was wir haben, etwa 10 m außerhalb von uns sein kann, es kann auch bis zu 5 km um uns herum sein, die Erde registriert permanent, wie wir interagieren mit der Natur, mit ihr selbst durch unsere Limitrys.

„Meine Limitrys patho-interagieren mit Terra-Limitrys"

„Personal-schwächende, krankmachende Terra-SIK Limitrys (Spin-Informations-Komplex)"

Auch die Erde kann da, wo wir sie technologisch zerstören, krank machen, selbst Limitrys, Schwerkraftsignale auslösen, ausstoßen, die für uns auch selber krank machend sind.

„Limitryrtes "Perfekt Health"-Reset"

„Perfektes Limitrys primary Timing, -secundary, -third, -fourth, -fifth, -sixth."

Hier wird überprüft, in wieweit jede Dimensionsebene, Zeitebene, Frequenzbandbreitebene perfekt bedient wird oder nicht.

„Aging genetische Limitrys"

„Auf mein 1. Siegel begrenzte Limitrys"

„Parallel Inkarnations Limitrys"

Diese Limitrys sind auch verschränkt mit anderen Versionen unserer selbst, Versionen, die nicht krank wurden. Sie sind verschränkt auch mit anderen Inkarnationen. Wir haben mit dieser Limitrystrahlung eine direkte Verbindung zu Inkarnationen, die vor uns waren und die nach uns kommen.

„Parallel-Version Limitrys"

= inwieweit eine Parallel-Realität meiner selbst oder eine verschränkte Persönlichkeit von mir selbst Probleme über diese Strahlung zu mir rüberbringt. Meine vielen Versionen meiner selbst, die ich so oft verschränke oder entschränke, können durch ein Zeitleck oder optionales Leck Informationen dieser Strahlung auf mich übermitteln, die für mich nachteilig sind. Hier muss ich die Gesetze verstehen. Limitrys heißt gleichzeitig begrenzend aber auch beschützen.

„Durch meine Seele nächtlich rückwärts in meine Neuronen gefeuerte Limitrys"

(inwieweit die Seele durch Beherrschung dieser schweren oder leichten Kräfte (Schwerkräfte) mir durch Zugang zu dieser Strahlung bestimmte Dinge vorausgibt, die ich konfrontieren muss).

„Technisch erzeugte, pathologisierende Limitrys"

„Supermarkt Infrarot-Bewegungsmelder signalisierte Limitryose"

„W-Lan-frequenzspezifisch signalisierte Limitryose"

„Handy / Handysender-frequenzspezifisch signalisierte Limitryose"

„Schnurlostelefon- frequenzspezifisch signalisierte Limitryose"

„Satelliten-frequenzspezifisch signalisierte Limitryose"

Diese Strahlen beeinflussen schon wieder meine Limitrys und gleichzeitig meine Schwerkraftsignale, Gleichgewichtsorgane werden durch diese Signale ganz massiv beeinflusst.

„Neocortexiale -Memory-Programm Limitryrungs-
Disconnection von Menschen, Orten, Dingen, Zeiten &
Ereignissen"

„A-B Limitry Diffusion"

Schwerkraftfeld B ist das der Erde und Schwerkraftfeld A ist
unser eigenes, was wir selbst erzeugen in und um unseren
Körper herum. A-B-Limitry-Diffusion bedeutet, inwieweit die
beiden harmonieren, im rechten Moment eine
Elektronenabstoßung machen.

„Physiologische A-B limitryrte Elektronen-Abstoßung"

„Perfekt juveniles GENETISCHES Limitry-Feld"

Die Fähigkeit, alleine zu sein, entspricht der Fähigkeit, zu lieben. Es mag paradox erscheinen, doch das ist es nicht. Es ist eine grundlegende Wahrheit.

Nur jene, die alleine können, können lieben, können teilen, können zum tiefsten Kern einer Person durchdringen, ohne sie zu besitzen, ohne abhängig von ihr oder süchtig nach ihr zu werden. Sie erlauben anderen die volle Freiheit, denn sie wissen, wenn sie verlassen werden, sind sie genau so glücklich wie vorher. Ihre Freude kann nicht genommen werden, weil sie nicht von anderen stammt.

Osho

Es ist wie verhext

Begeben wir uns auf einen Kontinent auf dem magische Rituale, schwarze wie weiße, alltägliche Praxis sind. Ich spreche von Südamerika.

Zunächst einmal ist es ein Land mit sehr, sehr hilfsbereiten, liebevollen, fröhlichen und aufgeschlossenen Menschen. Sie lieben das Leben, sie lieben ihr Land und leben im Hier und Jetzt.

Die Supermärkte quellen hier ebenso über wie in Europa. Es gibt alles, was es zum Leben braucht, auch wenn mich die Möbel zum Beispiel an das Mobiliar meiner Kindheit in Sachsen erinnert. Es ist das teuerste und am weitesten entwickelte Land von Südamerika mit der niedrigsten Rate von Kriminalität und Armut. Und es gibt eine kostenlose öffentliche Gesundheitsversorgung sowie eine dem Arbeitsamt ähnliche Institution (auch ein Arbeitslosengeld) und viele, ` viele Sozialarbeiter. Die Einkommen sind derzeit bei etwa einem Drittel von Europa, die Preise im Supermarkt jedoch annähernd gleich.

Vor Jahren in Uruguay angekommen - und noch relativ unerfahren in der Anwendung von COBIMAX - gelangte ich, Ulrike, schnell an Grenzen, deren Auftreten mir Rätsel aufgaben. Selbst der Einsatz meines gesamten COBIMAX-Handwerkszeuges zu Fremdenergie, Sabotagethemen brachten bei einigen Klienten keinerlei Reaktionen auf COBIMAX Ansagen. Es gab gleich einige Therapiesituationen, die mir Rätsel aufgaben.

Rätsel wollen gelöst werden und so wurde ich unweigerlich dazu gezwungen, mich mit anderen Welten bzw. Einflüssen auseinander zu setzen, die sehr wohl in der Lage sind, das Leben von Menschen nicht nur negativ zu beeinflussen, sondern es regelrecht zu zerstören. Genau, ich spreche von Verdammnissen, Verwünschungen und Verfluchungen jedweder Art. Letztere gibt es auch von Generation zu Generation übertragbar. Aber dazu komme ich später genauer.

Dabei möchte ich zunächst näher auf magische Bräuche in Uruguay eingehen, die stellvertretend für viele Regionen Südamerikas stehen und wohl auch in anderen Ausprägungen in afrikanischen Ländern anzutreffen sind. Diesen Blick erachte ich für sinnvoll, da mit der Durchmischung der Weltbevölkerung auch andere Kulturen in Europa Einzug halten, deren Einflüsse sicher nicht jedem so geläufig sind.

Werfen wir zunächst einen Blick nach Uruguay.

In Lateinamerika und der Karibik gibt es verschiedene Kultformen afrikanischen Ursprungs. "Voodoo", "Santería", "Batuque", "Candomblé", "Umbanda", "Macumba" usw. sind nichts weiter als verschiedene Ausdrucksformen von Ein und Demselben. All diese Kulte haben ihren Ursprung, ihre tiefste Wurzel in der Religion der Yoruba, eines westafrikanischen Volksstammes mit Hauptsiedlungsgebiet im heutigen Nigeria, und das heißt: im Voodoo.

Die 'schwarze Linie' der Umbanda wird "Kimbanda" genannt (auch "Quimbanda"), was zu übersetzen ist mit Satanskult und schwarze Magie, mit der für nicht legitime Ziele gearbeitet wird. Zur Kimbanda bekennt sich natürlich niemand, denn gemäß ihrer Selbstdarstellung sind alle Umbanda-Priester/innen selbstverständlich 'weiß', d.h. sie arbeiten für das 'Gute'.

Die Umbanda ist mit der uruguayischen Gesellschaft und ihren Menschen auf das Engste verwoben. Der mit zahlreichen Heiligen und Marien-Jungfrauen hier nach wie vor prosperierende Katholizismus steht dazu nicht im Gegensatz, sondern bildet eher eine Art Nährboden für diese Art von Kult. Die Umbanda steht in engster personeller und kultureller Verbindung mit den unzähligen Hellseher/innen und Geistheiler/innen, die es hier gibt und die von den Leuten hier als etwas vollkommen Normales angesehen werden.

Angeblich gibt es hier keinen Häuserblock und keinen Straßenzug, in dem nicht mindestens ein Hellseher und/oder ein Geistheiler (in der Mehrzahl sind es Frauen) wohnen. Diese Leute stehen hier in hohem Ansehen und werden von Angehörigen aller sozialen Schichten konsultiert, auch von erfolgreichen Unternehmern und Regierungsmitgliedern.

Diesen Teil des Lebens in Uruguay sieht man nicht, wenn man nicht genau hinschaut bzw. darauf gestoßen wird. Aber Sie können fast sicher sein, dass der Taxifahrer, der Tankwart, der Gemüsehändler, die Spanischlehrerin, die Putzfrau, die Supermarktkassiererin, der Notar und die Maklerin (usw.) ihren Pai oder ihre Mãe haben bzw. ihre/n Wahrsager/in.

Der 2. Februar, Mariä Lichtmeß im römisch-katholischen Kalender, ist der höchste Feiertag der Umbanda-Religion und der Meeresgöttin Yemanjá gewidmet, der höchsten weiblichen 'Gottheit' dieser Glaubensrichtung, im Synkretismus der Jungfrau Maria gleichgesetzt. An diesem Tag treffen sich die Umbandisten abends am Strand, huldigen ihrer Göttin, bringen ihr Geschenke und Opfer dar und übergeben diese zum Abschluß der Feier, verbunden mit Bitten und Wünschen, dem Meer.

Die Umbanda nimmt den Mensch so, wie er ist. Seine menschlichen Bedürfnisse, egal welcher Art, werden ernst genommen und zu befriedigen versucht. "Du hast keine Arbeit? Dann werden wir da mal was machen." "Dein Mann geht fremd?" "Dir graut vor dem Examen nächste Woche?" "Deine Mutter liegt im Krankenhaus?" "Dein Chef nervt Dich?" "Du möchtest gerne mit Deiner Nachbarin schlafen?"

Der Pai / die Mãe haben für alles Verständnis und können für oder gegen alles und jeden etwas machen. Zumindest behaupten sie das. (Und manche können auch tatsächlich etwas...)

Man muss den Pai / die Mãe de Santos nur bezahlen und die für die "Arbeiten" ("Trabajos") benötigten Elemente besorgen oder beschaffen lassen: Opfertiere wie Hühner, Katzen, Kröten oder einen Ziegenbock, persönliche Gegenstände der in die Wünsche involvierten Personen wie Kleidungsstücke, Haare, Ausweise, Schriftproben und/oder Fotos, weitere Ingredienzen wie Tabak, Schnaps, Wein, Kerzen, Früchte, Getreide, Blumen – ja nachdem. Der Pai / die Mãe macht dann ein Ritual damit, und manchmal tritt das gewünschte Ergebnis ein...

"Macumba" wird in Uruguay eine Hexerei eines Umbanda-Priesters oder Priesterin genannt, und "macumbear" ist ein in diesen Breitengraden geprägtes, sehr gängiges Wort für 'jemand etwas anhexen'. Eine Macumba wird auch oft schlicht nur "Arbeit" ("Trabajo") genannt. Wenn Sie also hier hören, dass jemand ein "Trabajo" gemacht hätte, können Sie nicht davon ausgehen, dass damit etwas Anständiges gemeint ist.

Und wo wir gerade dabei sind: Wenn hier von "Religión" ("Religion") die Rede ist, ist nur eine einzige damit gemeint, und nur eine: die Umbanda - ein weiteres Indiz für die tiefe Verwurzelung der Umbanda im Leben und Alltag der Leute.

Macumba ist im Leben der Uruguayer eine alltägliche Realität wie das Frühstück oder der Gang auf die Toilette. Ihre Existenz ist für die Menschen so selbstverständlich wie die Tatsache, dass morgens die Sonne aufgeht.

So kann man immer freundlich bleiben, auch seinen Gegnern gegenüber, immer cool und gelassen. Probleme werden nicht ausdiskutiert oder irgendwie wirklich gelöst. Man geht zum Pai, zur Mãe, und die nehmen dann für einen Rache. (Denn darum geht es meistens...)

Beliebte Ziele der Macumbas sind Erkrankung, finanzieller Ruin, Tod oder Impotenz der Konfliktgegner. Die die Auftraggeber/innen bewegenden Motive sind meist materieller und/oder sexueller Natur.

Schön und gut, so kann es einem hier oft passieren, dass man in Uruguay COBIMAX zur Anwendung bringt und aus scheinbar unerklärlichen Gründen keinerlei COBIMAX Reaktion erhält, solange man nicht böswillige Angriffe, Einflüsse abgefragt hat.

An dieser Stelle gilt es dann herauszufinden von welcher Art der Einfluss ist. Handelt es sich um einen Bann, Verwünschungen, Schwarzmagie oder tatsächlich Fluch?

Gibt es auf letzteres eine Reaktion, gilt es genau abzufragen von welcher Art der Fluch ist. Ich möchte betonen, dass mir nach diesen Erkenntnissen die Arbeit auch mit Klientel in Europa deutlich leichter gemacht wurde. Denn auch dort werden diese Praktiken genutzt bzw. auch da existieren uralte, aktive Verfluchungen.

Schon alleine eine tägliche Abwehr all dieser böswilligen Angriffe kann zumindest weitere negative Auswirkungen aufhalten und sozusagen einen Status quo sichern.

Sollten weiterführende Ziele avisiert werden, so könnte das ohne eine komplette Auflösung des Verdammnisses schwierig werden. Selbst wenn zum Beispiel eine Erkältung mit COBIMAX trotz dessen gut auskuriert werden kann, so scheint vielleicht eine Veränderung finanzieller Verhältnisse schier unmöglich und unwirksam.

Abgesehen von dieser beschriebenen Fluchsituation macht es durchaus Sinn, bei über Generationen zerrütteten Familienverhältnissen oder sich wiederholenden Problemen materieller Art -verbunden mit einer Reaktion auf die schon benannte COBIMAX Information- einen ererbten Fluch in Erwägung zu ziehen. Dazu sind mir diese folgenden 3 Arten bekannt. Man findet sie oft auch unter der Bezeichnung Knotenmagie und/oder Leiterfluch.

Judas- Band- Fluch

Halswirbelsäule, Ohren und Nacken sind die verletzlichsten Stellen vom Kopf zum Körper. Nervenstränge und Blutgefäße führen dort zum Gehirn.

Um eine Person klein zu halten und sie instabil zu machen kann das durch ein Judasband eingeengt und verknotet werden, was zu Migräne, Schwindel, Tinnitus oder Geschmacks-Irritationen führen kann.

Meistens steckt dahinter ein Rachefeldzug.

Diese Knotentechniken lassen sich auflösen.

Hexenleiterfluch

Diese Hexenleiter ist eine Schnur oder ein Band, in die oder das man mit Knotenmagie Flüche bindet. Man flucht bis zu höchstens 10 Mal pro Schnur, pro Band und bindet jedes Mal zu einem Fluch einen neuen Knoten.

Eine früher verbreitete Form der Knotenbindung war unter den Seeleuten üblich. Bei leichtem Wind machte man 1 Knoten, bei Sturm 2 Knoten und bei einem Hurrikan 3 Knoten in ein Seil. Wenn das Schiff dann in einer Flaute war, machte man für einen Wind 1 Knoten, für einen Sturm 2 Knoten, aber nie 3 Knoten für einen Hurrikan auf. Der letzte Knoten wurde mit dem Seil in das Meer entsorgt.

Jakobsleiterfluch

Er wird von Generation zu Generation weitergegeben. Er wirkt stufenweise wie eine Leiter. Ein Jakobsleiterfluch blockiert und/oder zerstört über das Anhaften an der DNS das wirkliche Gelingen des Lebens, gesundheitlich, geschäftlich, in Beziehungen. Jeder kann Träger eines Jakobsleiterfluchs sein. Inzwischen stellt sich immer deutlicher heraus, dass der Fluch weiter verbreitet ist als lange Zeit vermutet wurde.

Letzterer wurde und wird auch heute noch viel in Südamerika praktiziert. Mit COBIMAX sind wir in der Lage auch diese Themen aufzulösen. Allerdings ist das kein Thema, was man einfach mal so kurz angeht, sondern was wirklich mit allen Spuren, Programmen, Triggern etc. aufgelöst werden muss. Bei unsachgemäßem Vorgehen kann es leicht passieren, dass ein Fluch an Energie gewinnt und der Betroffene in ein noch tieferes Desaster rutscht als vorher. Als einzig wirklich dauerhaft wirksame Methode möchte ich hier die Guardero Methode hervorheben. Als COBIMAX Anwender haben wir auch die Möglichkeit genau diese Methode zur Auflösung anzusprechen.

Hinter alten Leiterflüchen können sich auch nachrutschende Leiterflüche verbergen oder es existierten bereits vor diesem Fluch noch andere Flüche, die sich direkt nach erfolgter Auflösung zeigen.

Alternativ bleiben für diese Arbeit Schamanen, einige Heiler, sowie einige wenige Schulmediziner, die diese Materie anerkennen und ebenso lösen können.
Überlagerungen, wie Verdunklungen und Verschleierungen erschweren allerdings auch dieser Berufsgruppe ihre Arbeit.

Und…, immer wieder- kehrende Infrarotfrequente weisen oft auch in die Richtung einer Verfluchung. Manchmal können sich Anhaftungen von Fremdenergie, Besetzungen etc. erst dauerhaft lösen, nachdem ein Fluch gelöst wurde.

Was ist COBIMAX?

Die „Communikations- Biologische Matrix", kurz „COBIMAX", wurde von Bernd Laudenbach im Jahr 1998 entwickelt. Es handelt sich hierbei um ein Kommunikations- und Therapieverfahren, das es ermöglicht, eine große Vielfalt an körperlichen sowie emotionalen Erkrankungen anzugehen. Ohne Hypnose, ohne Meditation, ohne maschinelle Hilfsmittel. Hier ist ein Weg zur Selbsthilfe und Selbstheilung offen. Denn genau so will COBIMAX verstanden werden: das Wissen über die Krankheitsursache aus dem eigenen Kopf des Menschen, die heilende Kraft aus dem eigenen Körper, genau das ist der Schlüssel zum Erfolg dieser Therapie.
Seit 2005 wird COBIMAX auch in Lehrgängen weitergegeben, zur Eigenanwendung oder zur Anwendung in der therapeutischen Praxis.

COBIMAX® macht's möglich!

Fassen wir zusammen:
COBIMAX (Communikations-Biologische Matrix) ist also ein Kommunikations- und Therapieverfahren, das es ermöglicht, bei Mensch, Tier und Pflanze eine große Bandbreite unterschiedlichster „Krankheiten" auf körperlicher und emotionaler Ebene anzugehen.
Es funktioniert ohne maschinelle Hilfsmittel oder computergestützte Programme und richtet sich an die individuellen körperlichen und emotionalen Ebenen.
Es erkennt jegliche Fehlfunktionen und aktiviert umgehend die Selbstheilungskräfte.

Es ist ein mentales Verfahren, das den Anwender/ Therapeuten befähigt, mit Hilfe seines Kleinhirnbewusstseins Zugang zum autonomen Nervensystem des Patienten zu bekommen. Dieses Kommunikationswerkzeug reduziert alle Sprachen der Welt auf ihre elementare Funktion: die Erzeugung von Bildern (Hologrammen) durch das Gehirn.

Nach Ansichten der Quantenphysik (Roger Penrose, Stuart Hameroff) reproduziert sich unser biologischer Körper in etwa 42-mal pro Sekunde. Diese Reproduktion ermöglicht dieser Methode den Zugriff zur Schnittstelle innere/äußere Realität, um Verbesserungsvorschläge in Form von Hologrammen über das Unterbewusstsein des Kleinhirns einzuspeisen.

Wie unterschiedliche Gehirnteile "Zeit" völlig verschieden wahrnehmen und entsprechend verarbeiten, wie ein in unserem Kleinhirn sitzendes Bewusstsein anscheinend Wunder wirkt und wie sich all das praktisch anfühlt, wird nicht nur erklärt, sondern der Mensch erfährt und erlebt es direkt.

Durch COBIMAX können u.a. destruktive Gedankenmuster und Emotionen identifiziert, lokalisiert und reguliert werden. Hieraus kann der Anwender direkte Zusammenhänge erkennen, die eine lückenlose Beweisführung zulassen, inwieweit ein destruktives Gefühl die Zellelektrizität, die Zellchemie und die Zellfunktion nachteilig verändert.
Entgegen herkömmlicher wissenschaftlicher Erkenntnis kann mittels COBIMAX das autonome Nervensystem willentlich gesteuert werden.
Das Hauptwerkzeug von COBIMAX sind kleinste Zellbestandteile (Mikrotubuli) im Körper, die die Fähigkeit besitzen, in jeder Geschwindigkeit und Stärke zu schwingen. Gerade dieses Zellschwingen ermöglicht es, unterschiedliche Vorgänge in den Organen bis in die Zelle hinein zu kontrollieren. So wird dadurch beispielsweise ein Eliminieren von Mikroben erreicht sowie ein Wieder-Ordnen von emotional verursachten Zellfehlfunktionen ermöglicht.

Haargenau das gleiche Vorgehen (Wissen) praktizieren Naturvölker wie die Aborigines schon seit Jahrtausenden.

COBIMAX verbindet den Anwender mit dem grenzenlosen inneren Wissen, zu dem jeder Mensch Zugang erhält, sobald er mit dynamischer Intelligenz verbunden ist. Dieser bewusstseinserweiternde Zustand führt zu einer Zeitbeschleunigung, und daher kann der Einzelne sofort Einfluss auf Zell- und Organfunktionen nehmen.

Das bedeutet, dass jede Person, die eine körperliche und/oder geistige Veränderung herbeiführen möchte, dies durch COBIMAX erreichen kann. Vorausgesetzt, es handelt sich dabei - im biologischen Sinne - um eine Verbesserung.

COBIMAX fördert in höchstem Maße die physische und psychische Autonomie des Menschen.

Lernt die vielfältigen Einsatzmöglichkeiten Eures dynamischen Bewusstseins kennen!

Ursprungssprache

Bernd Laudenbach suchte seit seinem 9. Lebensjahr nach einer vereinheitlichenden Sprache, die alle Menschen sprechen. Gibt es eine Sprache, die vollkommen ohne Verbalik auskommt?

Jahre später lag er nachts schlafend in seinem Bett. Im Traum, der ihm äußerst real erschien, schwebte er an der Zimmerdecke und sah sich neben seiner Frau liegend. Sein erster Gedanke war, so sieht es aus, wenn man stirbt. Im nächsten Moment fühlte er sich wie von einem Gummiband durch einen beleuchteten Tunnel gezogen und fiel auf Wüstensand. Zwei Aborigines kamen auf ihn zu, blickten ihm tief in die Augen und zeichneten mit feinen Stöckchen Zeichen auf seine Beine. Blut tropfte in den Sand.

Kurz darauf wurde er wieder durch diesen Tunnel zurück in seinen Körper gezogen, was mit lauten Geräuschen verbunden war. Er wachte auf und blutete aus Ohren und Nase.

Dies geschah insgesamt drei Mal in fünf aufeinander folgenden Nächten.

Erst eineinhalb Jahre später begriff er, was diese Zeichen bedeuten: Es war die von ihm gesuchte Kommunikation, die alle Lebewesen verstehen.

Herausgefunden hatte er in seiner eigenen Forschungsarbeit, wie diese Kommunikation funktioniert, wie diese anzuwenden ist und baute daraus seine Kommunikations- und Therapieform COBIMAX auf.

„Zaubern" lernen?

Bernd Laudenbach prüfte und hinterfragte konsequent den menschlichen Körper und die Psyche und erarbeitete so die Communikations-Biologische Matrix, kurz COBIMAX®.

Du willst selbst „zaubern" lernen?
Dann kannst Du das auf der Erde erlernen.

So mancher Leser mag unsere ConnectDoor-Büchlein als eine Werbemaßnahme sehen. Es ist uns aber viel mehr ein Anliegen, den Menschen zu vermitteln, dass jeder selbst alle Voraussetzungen in seinem Kopf hat, die er benötigt, um direkt und effektiv mit seinem Unterbewusstsein zu kommunizieren und Verbesserungen in seinem Leben zu erzielen. Das funktioniert aber nur, wenn die Gehirnverbindungen, die dazu nötig sind, wieder hergestellt werden.

So wie nicht jeder Mensch Arzt wird und eine Praxis eröffnet, so wird auch nicht jeder Mensch den Wunsch haben, ein COBIMAX-Anwender zu werden. Zumindest ist es aber wichtig, zu wissen, wo er Hilfe finden kann.

Bereits ausgebildete COBIMAX-Berater und COBIMAX-Therapeuten stehen Dir auch gerne zur Seite.
Kontaktdaten auf Anfrage.

Was es bedeutet, ein COBIMAX-Anwender zu sein

„Wir COBIMAX-Anwender müssen verstehen, dass wir durch den „cobimaximierten" Anschluss an unser Kleinhirn direkten Zugang zu einer höheren Instanz, dem Kleinhirnbewusstsein, haben. Jeder Gedanke, der eine Korrekturabsicht beinhaltet und damit eine Verbesserung des biologischen Organismus unseres Gegenübers bedeutet, wird sofort von dessen Kleinhirnbewusstsein aufgegriffen und dieses lässt unter seiner Kontrolle einen Korrekturvorgang über die Mikrotubuli durchführen.

Eine vorsätzliche oder unbeabsichtigte Schädigung eines anderen Organismus ist mit dem COBIMAX-System nicht möglich, da ein höheres Bewusstsein, das absolut neutral ist, nämlich das Kleinhirnbewusstsein, entscheidet, ob eine COBIMAX-Eingabe durchgeführt wird oder nicht. Somit kann dem COBIMAX-Anwender auch kein Fehler unterlaufen.

Die Frage der Ethik taucht auch immer wieder auf. Jeder COBIMAX-Anwender muss auf seine eigenen ethischen Grundsätze zurückgreifen. Bei einem Hilfesuchenden ist es klar, dass wir auf dessen Wunsch zielgerichtet intervenieren können."

Wie wird man ein COBIMAX-Anwender?

Lehrgang zur autorisierten Nutzung von COBIMAX® mit COBIMAX-Initiierung durch Bernd Laudenbach

COBIMAX ist ein Geschenk der Natur, das jedem Menschen in die Wiege gelegt wird.
So besitzt also jeder Mensch von Geburt an die Fähigkeit durch Gedanken den Körper zu heilen. Sehr früh schon im Leben macht der Mensch unterschiedlichste Erfahrungen.
Da Menschen so konditioniert werden, jegliche Erfahrung emotional zu bewerten, sind es im Laufe des Erwachsenwerdens genau diese im Gehirn gespeicherten emotionalen Beurteilungen, die von der Fähigkeit, sich selbst zu heilen, wieder abtrennen.

COBIMAX baut die Verbindung zum alle Menschen umfassenden Kollektiv-Bewusstsein wieder auf: Dieses höhere Bewusstsein, das bei jedem Menschen im Kleinhirn sitzt, ist der tatsächliche HEILER, der bei allen „Cobimaximierungen" in Aktion tritt.

Der COBIMAX-Lehrgang befähigt den Absolventen zum permanenten Zugriff auf dynamische Intelligenz.
Die erreichte Bewusstseinserweiterung ermöglicht die direkte Einflussnahme auf das autonome Nervensystem, die Organsteuerung und Zellsteuerung eines jeden Menschen.
Gedankenprozesse werden ebenso konstruktiv optimiert.
Dem Lehrgangsabgänger öffnen sich mittels COBIMAX Wege, die ein forciertes Weiterentwickeln der eigenen Persönlichkeit, der Gesundheit und der Autonomie erleichtern.
Selbstverständlich kann der COBIMAX-Anwender dies auch für andere Menschen erreichen.

Der erfolgreiche Abschluss beschert jedem Teilnehmer äußerste Effizienz, indem Gehirnareale willentlich nutzbar gemacht werden, zu dem der Mensch bisher keinen direkten

Zugang hatte. Er verbindet die Anwender mit grenzenlosem innerem Wissen und mit dem kollektiven menschlichen Bewusstsein.

**So wie die Krankheit in unserem Körper steckt,
ist auch die Lösung in ihm enthalten.**
Bernd Laudenbach

Die Autoren

Bernd Laudenbach
(Jahrgang 1959), ist ursprünglich ausgebildeter Masseur und besuchte später eine Ausbildung zum Heilpraktiker. Bereits während seiner Berufsausübung als Masseur suchte er nach Möglichkeiten, pathologische körperliche Veränderungen nachhaltig zu optimieren. Obwohl dies unmöglich schien, haben Bernd Laudenbachs Neugierde und Beharrlichkeit ihn dazu bewogen, bisherige Erkenntnisse und Annahmen, die den menschlichen Organismus und die Psyche betreffen, gründlich zu prüfen und konsequent zu hinterfragen.
Aufgrund der Erforschung des eigenen Körpers und der eigenen Psyche sowie einer stetigen Selbsthinterfragung hat Bernd Laudenbach darauf aufbauend die Communikations-Biologische Matrix COBIMAX erarbeitet.
Als er Anfang der neunziger Jahre mit den Versuchen zur Aktivierung seiner Selbstheilungskräfte begann, dachte er weder daran, andere Menschen einmal behandeln zu können, noch dieses Wissen bzw. das Werkzeug anderen Interessierten zur Therapieanwendung zur Verfügung zu stellen.

Seit 1999 behandelt er Tausende Hilfesuchende mit Erfolg und seit 2005 bildet er zusätzlich COBIMAX-Therapeutinnen und -Therapeuten aus.

COBIMAX ist eine ursprüngliche Kommunikationsform der Natur, die zielgerichtet Selbstheilungskräfte aktiviert und diese zu präzis gesteuerten Veränderungen im Körper nutzt.

Inge Friedrich
(Jahrgang 1947) ursprünglich tätig in der medizinischen Forschung eines Pharma-Unternehmens, lernte Bernd Laudenbach und seine Kommunikations- und Therapiemethode Communikations-Biologische Matrix COBIMAX im Jahr 2003 kennen. Durch die verblüffenden Ergebnisse von COBIMAX, auch bei Austherapierten, wurde ihr Forschergeist geweckt und sie veranstaltete Vorträge und Ausstellungen mit Bernd Laudenbach. Anfang 2005 erhielt sie die Möglichkeit, eine Ausbildung bei Bernd Laudenbach zu absolvieren, um dann selbstständig als COBIMAX-Beraterin zu arbeiten.

Neben der COBIMAX-Beratung hält sie Vorträge und Workshops und begleitete viele Jahre Bernd Laudenbach bei seinen Lehrgängen zur autorisierten Nutzung von COBIMAX.

Ulrike Kluge
(Jahrgang 1970) ist ursprünglich Ergo-Therapeutin mit 15 Jahren Erfahrung in der Arbeit mit akuten neurologischen Erkrankungen und war später als Lehrkraft an einer Ergotherapieschule tätig.

Nachdem sie einige Jahre zuvor schon von den erstaunlichen Wirkungen von COBIMAX gehört hatte, nahm sie Anfang 2016 an einem Vortrag über die Methode teil. Dabei wurde sie so neugierig, dass sie sich gleich meldete, als Freiwillige für eine praktische Anwendung gesucht wurden. Nur soviel: Das Ergebnis hat sie derart fasziniert und gleichzeitig auch neugierig gemacht, dass sie kurze Zeit später eine Ausbildung zur COBIMAX-Anwenderin absolvierte.

Seither hat sich COBIMAX in den unterschiedlichsten Situationen unzählige Male bewährt. Während ihrer bislang knapp 5-jährigen Arbeit mit COBIMAX in Uruguay, konnte sie viele Menschen aller Altersklassen für die dort bislang völlig unbekannte Therapiemethode gewinnen.

Weitere Taschenbücher mit cobimaximierten Bildern :

ConnectDoor - Zugang zu einer anderen Dimension
Die Macht der Gefühle
ISBN 978-3-7357-8011-9

ConnectDoor - Zugang zur nächsten Dimension
Rund um Bakterien, Viren & Co.
ISBN 978-3-7347-3244-7

ConnectDoor - Zugang zu einer weiteren Dimension
Stress minimieren-Erfolg maximieren
ISBN 978-3-7347-7381-5

ConnectDoor - Zugang zu außergewöhnlichen Dimensionen :
Von geschmeidig über echt schräg zu voll krass
ISBN 978-3-7386-1740-5

ConnectDoor - Zugang zu meinem Humanarchitekten
Die große Liebe meines Lebens
ISBN 978-3-7412-0540-8

ConnectDoor - Zugang zum Geschenk der Natur
Einsatz bei Tier und Pflanze
ISBN 978-3-7528-3496-3

ConnectDoor - Zugang zum Geheimnis der Zahlen
Einfluss der Zahlen auf Denken, Fühlen und Handeln
ISBN 978-3-7448-2223-7

ConnectDoor - Zugang zu einer verzwickten Dimension
Liebe und Partnerschaft
ISBN 978-3-7481-8853-7

ConnectDoor - Zugang zu einer vergessenen Dimension
Essen hält Leib und Seele zusammen
ISBN 978-3-7494-5171-5

ConnectDoor - Zugang zu einer höheren Dimension
Wer ist ICH?
ISBN 978-3-7494-5393-1

ConnectDoor - Zugang zu einer magischen Dimension
Zaubersprüche für Jung und Alt
ISBN 978-3-7504-1039-8

ConnectDoor - Zugang zu unmöglichen Dimensionen
Telepathie – ungewollt!
ISBN 978-3-7519-7894-1

ConnectDoor – Zugang zur Fünften Dimension
Die Erde im Bann der Mondmatrix
ISBN 978-3-7519-3215-8

ConnectDoor – Zugang zu inneren Dimensionen
Seit Adam und Eva ist der Wurm drin
ISBN 978-3-7534-5765-9

ConnectDoor – Zugang zu tiefen Dimensionen
Die Dämonen der Seele
ISBN 978-3-7543-7413-9

Kontaktdaten:

Cen-Tooh, der Therapeut : www.connectdoor.de

COBIMAX, Bernd Laudenbach: www.cobimax.com
Frankurter Str. 43, 36391 Sinntal-Altengronau
Tel. 06665 918688
E-Mail: bernd.laudenbach@cobimax.com

COBIMAX, Inge Friedrich: www.inge-friedrich.de
Hähnleiner Str. 4, 64673 Zwingenberg
Tel. 0049 172 763 7112
E-Mail: inge.friedrich@cobimax.com

Ulrike Kluge   www.cobimax-terapeuta-movil.com
Paraguay M.13 S.24
Shangrilá - Canelones - C.P. 15002
R.O. del Uruguay
Tel. +598 91753376
E-Mail: ulrike@cobimax-terapeuta-movil.com

Bilder:
Cen-Tooh: ©HitToon.com-Fotolia.com
Pixabay